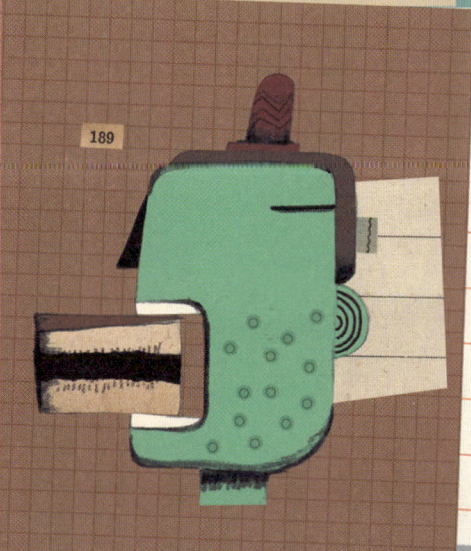

하루 동안 떠나는 화학 여행

화학이 정말 우리 세상을 바꿨다고?

실바나 푸시토, 일레아나 로테르스타인 글 | 파블로 피시크 그림

윤승진 옮김 | 이덕환 감수·추천

찰리북

Quimica hasta en la sopa
Text by Silvana Fucito e Ileana Lotersztain
Illustrations by Pablo Picyk © ediciones iamiqué, 2011
All rights reserved
Korean translation copyright © Charlie Book, 2015
Korean translation rights arranged with ediciones iamiqué through The ChoiceMaker Korea Co.

이 책의 한국어판 저작권은 초이스메이커코리아를 통해 저작권사와 독점 계약한 찰리북에 있습니다.
저작권법에 의해 한국 내에서 보호를 받는 저작물이므로 무단 전재와 복제를 금합니다.

하루 동안 떠니는 화학 여행
화학이 정말 우리 세상을 바꿨다고?

1판 1쇄 발행 | 2015년 12월 15일
1판 7쇄 발행 | 2023년 10월 17일

글 | 실바나 푸시토, 일레아나 로테르스타인 그림 | 파블로 피시크 옮김 | 윤승진 감수 · 추천 | 이덕환
펴낸이 | 박철준 편집 | 신지원 정미리 디자인 | 꼼 디자인
펴낸곳 | 찰리북 등록 | 2008년 7월 23일 (제313-2008-115호)
주소 | 서울시 마포구 동교로18길 33, 201 (서교동, 그린홈) 전화 | 02)325-6743 팩스 | 02)324-6743
전자우편 | charliebook@gmail.com ISBN 978-89-94368-40-5 73430

※ 잘못된 책은 구입하신 곳에서 바꾸어 드립니다.
※ 이 도서의 국립중앙도서관 출판시도서목록(CIP)은 서지정보유통지원시스템 홈페이지(http://seoji.nl.go.kr)와 국가자료공동목록시스템(http://www.nl.go.kr/kolisnet)에서 이용하실 수 있습니다.(CIP제어번호: CIP2015031719)

어린이제품특별안전법에 의한 제품 표시	
제조사명 찰리북	전화번호 02-325-6743
제조국명 대한민국	주 소 서울시 마포구 동교로18길
사용연령 만 9세 이상 어린이 제품	33, 201 (서교동, 그린홈)

감수자의 글
화학이 우리를 건강하고 즐겁게 만들어 줍니다.

　세상은 정말 다양하고 신비로운 물질로 가득 채워져 있어요. 우리가 숨을 쉬며 마시는 공기도 물질이고, 달콤한 꿈을 꾸면서 편안하게 잠을 잘 수 있도록 해 주는 침대도 물질이지요. 건강하고 기운찬 하루를 보낼 수 있도록 해 주는 아침밥도 물질이고, 우리 몸을 따뜻하게 지켜 주는 멋진 옷도 물질이지요. 화학은 세상을 가득 채우고 있는 물질이 무엇이고, 그런 물질이 서로 만나면 어떤 변화가 일어나는지 알아내는 과학이랍니다.

　세상은 아는 만큼 보인다고 합니다. 화학을 모르면 세상을 가득 채우고 있는 물질에 대해 알 수 없겠지요. 화학을 모르는 사람에게 세상은 그저 온갖 것들이 마구 뒤엉켜 있는 복잡하고 어지러운 곳으로 보일 것입니다. 그러나 화학을 배우고 나면 세상이 다르게 보입니다. 침대 매트리스는 폴리우레탄이라는 물질 때문에 폭신폭신하고, 비누에는 물을 좋아하는 물질과 기름을 좋아하는 물질이 함께 있어서 손과 발을 깨끗하게 씻을 수 있다는 것이 보이거든요. 화학이 없었다면 편안하게 잠을 잘 수도 없고, 깨끗하게 씻을 수도 없었을 것입니다. 우리가 깨끗한 환경에서 건강한 생활을 누리게 된 것이 모두 화학 덕분이라는 뜻입니다.

　화학은 우리를 즐겁게 해 주기도 합니다. 공기나 이산화탄소를 이용해서 만든 아이스크림, 탄산음료, 케이크가 없는 세상을 상상할 수 있을까요? 홍차도 찻잎에서 화학적으로 우러나는 좋은 향과 맛 성분 때문에 엄마, 아빠를 즐겁게 해 주지요. 햇빛에 있는 자외선을 막아 주는 선글라스가 없으면 바닷가의 아름다운 경치를 즐겁게 구경할 수도 없을 거예요.

　화학은 우리 생활 곳곳에서 찾을 수 있답니다. 자동차 사고에서 우리의 목숨을 지켜 주는 에어백도 화학으로 만들어진 것이고, 살찔 걱정을 덜어 주는 인공 감미료도 화학이 만들어 낸 기적입니다. 심지어 아침에 먹는 밥과 국에도 화학이 들어 있습니다. 이렇게 화학이 우리를 건강하고 즐겁게 만들어 준답니다.

— 이덕환(서강대학교 화학과 교수, 대한화학회 탄소문화원 원장)

09:00	마테 차에 펄펄 끓는 물을 부으면 안 되는 이유는 뭘까?	10
09:30	비누로 닦으면 왜 깨끗해질까?	12
09:45	연필과 다이아몬드의 공통점이 뭔지 아니?	14
10:30	에어로졸 스프레이가 어떻게 분사되는지 아니?	16
11:30	가루비누에 뭐가 들었는지 알아?	18
12:30	숯은 어떻게 만들어질까?	20
13:30	인공 감미료는 먹어도 살이 찌지 않는다는 게 사실이야?	22
14:00	신용 카드 영수증은 어떻게 인쇄될까?	24
14:30	선글라스를 쓰면 태양으로부터 눈을 보호할 수 있을까?	26
15:30	아이스크림은 어떻게 만들까?	28
16:00	집에서 만든 아이스크림과 공장 아이스크림은 뭐가 달라?	30
16:15	차에서 나오는 검은 연기의 정체는 뭘까?	32
16:30	에어백은 어떻게 작동하는지 궁금하지 않니?	34
17:00	침대 매트리스에는 얼마나 많은 화학이 숨어 있을까?	36
17:30	탄산음료의 거품은 왜 생기는 걸까?	38
18:00	스포츠웨어의 특징은 뭘까?	40
19:30	끈적끈적한 밀가루 반죽이 어떻게 해서 폭신폭신한 케이크로 변신할까?	42
20:00	양파를 썰 때 왜 눈물이 나는지 아세요?	44
20:30	음식이 눌어붙지 않게 하는 프라이팬의 비밀은 뭘까요?	46
21:00	면은 왜 붇는 걸까요?	48
22:00	우리 생활 속의 화학을 위하여!	50

안녕!

나는 실바나라고 해요. 대학에서 화학을 공부했답니다.
이제부터 몇 년 전에 내가 겪은 일을 얘기해 줄게요.

화학에 대해 잘 모르는
사람들이 그렇듯 내 동생
마리나도 화학이 매우
지루하고 일상생활과 전혀
관계가 없다고 생각했어요.
그래서 나는 화학이 얼마나
재미있는지, 우리의 일상에서
얼마나 많은 부분을
차지하는지 마리나에게
보여 주기로 마음먹었답니다.

우선 나는 마리나에게 온종일 함께 지내보자고 제안했어요.

그렇게 하루가 시작되었답니다.

09:00 마테 잎의 용해성

나는 아홉 시 정각에 부엌으로 갔어요. 마침 마리나는 아침 식사 대신 마시려고 마테 차(남미 사람이 즐겨 마시는 마테라는 식물로 만든 차)를 끓이고 있었어요. 마테 차 팬답게 마리나는 물 주전자에서 눈을 떼지 않았어요. 마테 차를 우릴 때는 물이 막 끓기 전에 불을 꺼야 한다는 사실을 알기 때문이었죠. 나는 오늘이 일상 속에 있는 화학을 보여 주기로 한 날이란 걸 떠올리고는 마리나에게 물었어요.

"마테 차에 펄펄 끓는 물을 부으면 안 되는 이유는 뭘까?"

"벌써 시작하려고?"
마리나는 살짝 짜증스러운 말투로 물었어요.
하지만 나는 신경 쓰지 않고 재빨리 설명하기 시작했죠.

"마테 차에 숨겨진 화학 원리는 아주 간단해. 마테 잎에 물을 부으면 잎을 구성하는 성분이 물에 녹으면서 마테 잎 특유의 맛을 내게 돼. 이렇게 어떤 물질이 다른 물질에 녹아 고르게 섞이는 현상을 우리는 용해라고 부르지. '녹을 용', '풀 해', 녹아서 풀어지는 거야. 하지만 차가운 물을 부을 때는 잘 용해되지 않아. 물 온도가 높아질수록 성분들이 잘 녹고 차의 맛은 깊어지지. 그래서 맛있고 향이 오래가는 마테 차를 원한다면 따뜻한 물을 사용해야 해. 그렇지만 물이 너무 뜨거워도 안 돼. 마테 차 전문가들이 그러는데 마테 잎 성분들이 충분히 용해되는 데 필요한 이상적인 물의 온도는 80도 정도래. 만약 100도로 끓는 물을 부으면 용해성이 너무 높아져서 잎의 성분이 너무 짧은 시간에 추출돼 버려. 이렇게 되면 차의 맛은 금방 사라져 버리지."

중요해요!

홍차를 준비할 때는 마테 차를 준비할 때와 정반대로 하면 된답니다.
홍차 성분을 한번에 잘 우려내야 하지요.
그러려면 물 온도가 굉장히 뜨거워야 한답니다.
100도의 펄펄 끓는 물로 한번에 우려내야 해요.

마리나는 기대했던 것보다 훨씬 더 흥미로워했답니다.
말이 끝나자마자 마리나의 질문이 이어졌어요.
"어떤 사람은 일단 한번 끓은 물은 차 우리는 데 써서는 안 된다고 하더라고. 그 이유가 뭐야? 좀 식히거나 차가운 물을 조금 섞어서 사용해도 괜찮지 않아?"

"어떤 사람은 물이 한번 끓으면 물에 녹아 있던 공기가 날아가 마테 차의 맛이 달라진다고 하지. 하지만 그건 과학적으로 입증된 말은 아니야. 더 자세히 알고 싶다면 네가 직접 실험해 봐. 똑같은 양의 마테 차 두 잔을 준비한 뒤에 한 잔에는 80도의 물을 바로 붓고, 다른 한 잔에는 펄펄 끓인 뒤 80도까지 식힌 물을 붓는 거지. 그런 다음 이런 차이를 모르는 사람에게 차를 맛보게 하고 차이점이 있는지 묻는 거야. 이런 식으로 여러 사람을 상대로 실험해 보면 그 말이 사실인지 꾸며 낸 이야기인지 알게 되겠지."

09:30 비누의 세척 원리

아침 식사 시간은 매우 즐거웠지만 이제 뭘 해야 할지 떠오르지 않았어요. 그때 마리나가 식탁을 정리하고는 손이 끈적끈적하다며 씻으러 갔어요. 나는 기회가 왔다 싶어 마리나를 따라갔죠.

"비누로 닦으면 왜 깨끗해질까?"

"왜 깨끗해지냐니!"
마리나는 웃으며 말하더니 이번엔 별 거부감 없이 내 설명을 듣기 시작했죠.

"비누는 물과 친한 성질, 기름과 친한 성질을 동시에 가진 지방산 나트륨으로 구성되어 있어. 이런 지방산 나트륨을 '양쪽성 성분'이라고 해. 그게 뭐냐고? 물과 기름같이 극과 극인 두 가지 물질과 모두 친한 물질 분자라는 뜻이란다. 한편으로는 물에 끌리고, 다른 한편으로는 기름에 끌리는 특성이 있지. 물과 친한 특성은 '친수성'이라 하고 기름과 친한 특성은 '친유성'이라고 해. 그중 친유성 물질은 물을 싫어하는 성질을 띤단다. 그래서 비누가 더러운 물질과 접촉하면 비누의 친유성 부분은 더러운 물질의 지방 성분과 결합하고, 친수성 부분은 물과 결합하게 되지. 이게 바로 비누의 원리야. 친유성 성분과 결합한 오염 물질의 지방 성분이 물과 잘 섞여서 닦이는 거지."

이렇게 다 설명을 했는데도 마리나가 비누의 세척 원리를 잘 이해하지 못하겠다는 얼굴로 날 쳐다보기에 "그려 줄까?" 라고 물었어요. 그리고 연필과 종이를 가져와 간단하게 그림을 그려 줬어요.

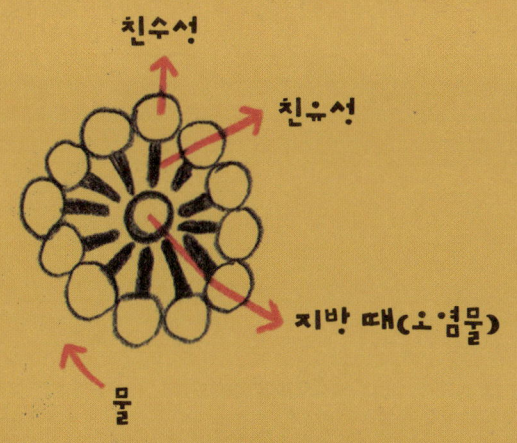

최초의 비누

인류 최초의 비누를 찾으려면 2,600년 전으로 거슬러 올라가 페니키아 인들을 찾아야 해요. 당시 페니키아 인들은 상업에 뛰어난 민족이었어요. 그들의 장사 비결은 바로 염소 지방에 물과 재를 넣어 끓이는 것이었답니다. 이렇게 끓인 뒤에 수분이 날아가면 비누와 비슷한 물건이 만들어졌죠. 다만 페니키아 인들은 이런 비누를 목욕하는 데 쓰지 않고 양털과 면을 빠는 데 썼답니다. 그렇게 해서 깨끗해진 양털과 면을 지중해 항구에서 팔았어요.

09:45 흑연과 다이아몬드의 비슷한 점과 다른 점

마리나가 갑자기 그림에 사인을 해 달라고 했어요. 내가 그린 그림을 방에 걸어 두겠다고요. 나는 연필로 이름을 쓰고 그 옆에 다이아몬드를 그려 넣었어요. 그러자 마리나가 다이아몬드를 왜 그렸는지 궁금하다는 듯 나를 쳐다봤어요. 그래서 나는 또 새로운 질문을 던졌답니다.

"연필과 다이아몬드의 공통점이 뭔지 아니?"

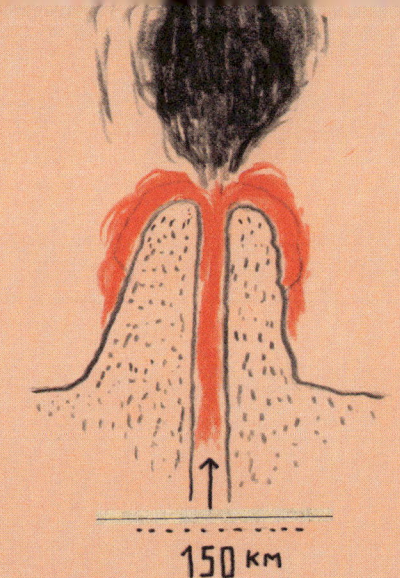

> 연필심은 흑연으로 만들어졌단다. 흑연은 탄소 원자가 결합한 광물이지. 그렇다면 다이아몬드는 어떨까? 놀라지 마! 다이아몬드도 흑연처럼 탄소 원자가 결합한 광물이야! 흑연과는 탄소 결합 구조가 다를 뿐이지. 바로 이것 때문에 흑연과 다이아몬드가 서로 달라 보이는 거야.
> 먼저 흑연은 검고 부드럽고 잘 부서져. 흑연을 구성하는 탄소 원자들은 한곳에 뭉쳐 층끼리 분리되기 쉽지. 층끼리 분리되기 쉽기 때문에 부드러운 거야. 부드럽기 때문에 연필심 재료로 적합한 거고. 연필이 종이 위에 미끄러지듯 스치면 얇은 흑연 층이 종이 위에 들러붙어 선으로 표시되거든.
> 그럼 다이아몬드는 어떨까? 다이아몬드는 색이 없고 투명해. 다이아몬드를 구성하는 탄소 원자들은 단단한 구조로 결합되어 있지. 다이아몬드를 보면 어느 각도에서 보든 동일한 구조로 결합되어 있어. 그래서 이렇게 단단한 결정체가 만들어지는 거란다.
> 다이아몬드는 세상에서 가장 단단한 물질로 알려져 있어. 그래서 물건을 다듬거나 절단하는 데 쓰이지! 다이아몬드를 절단할 수 있는 재료는 다이아몬드밖에 없어!"

그때 마침, 마리나가 질문을 했어요.
"그런데 왜 연필은 싸고 다이아몬드는 비싸?"
내가 기다리던 질문이었죠.

> 흑연과 달리 다이아몬드는 풍부하지 않기 때문이지. 다이아몬드는 압력과 온도가 매우 높은 데에서만 만들어지거든. 실제로 다이아몬드는 깊이가 150킬로미터에 달하는 깊은 땅속에서 만들어져. 그렇게 탄소를 함유한 재료로 만들어진 뒤 화산이 분출할 때 비로소 지구 표면으로 모습을 드러내지. 게다가 다이아몬드가 만들어지는 데 수억 년이나 걸려.
> 이렇게 귀하디귀한 다이아몬드는 보석으로 취급돼. 반면에 첨단 기술을 이용해서 만든 인공 다이아몬드는 천연 다이아몬드보다 값이 훨씬 더 싸지."

10:30 스프레이가 분사되는 원리

마리나는 샤워를 하러 욕실에 들어갔어요. 흥얼거리는 노랫소리가 들리는 걸 보니 마리나는 오늘의 모험을 재미있어하는 게 틀림없었어요. 잠시 후 샤워를 마친 마리나는 데오드란트(불쾌한 체취가 나지 않게 하려고 쓰는 화장품)가 어디 있는지 아느냐고 물었어요. 나는 데오드란트를 건네며 이렇게 물었죠.

"에어로졸 스프레이가 어떻게 분사되는지 아니?"

에어로졸이란 밀폐된 용기에 담긴 액체나 미세한 가루를 가스의 압력으로 뿜어내는 방식이에요. 하지만 이번에는 마리나가 내 질문에 별다른 흥미를 보이지 않았어요. 그래서 난 질문을 바꿨죠.
"어떻게 그 작은 통 안에 네가 한 달 넘게 쓰고도 남을 만큼 많은 양의 데오드란트가 들어갈 수 있을까? 게다가 거의 다 썼을 때에도 여전히 잘 뿜어져 나오잖아. 신기하지 않니?"
다행히 이번 질문은 성공적이었는지 마리나가 관심을 보였어요. 그래서 나는 얼른 설명을 시작했죠.

"스프레이 통 안에는 데오드란트와 추진제가 들어 있단다. 데오드란트는 통 안에서나 밖에서나 액체 상태로 있지만, 추진제는 본래 가스였다가 통 안에 주입될 때 높은 압력 때문에 액체 상태로 바뀌지. 그러다 밸브가 열리면 다시 통 안에 압력이 가해져 추진제의 일부가 가스로 바뀌면서 통에서 솟아올라. 그때 데오드란트가 가스와 함께 밸브에 난 작은 구멍을 통해 미세한 방울 형태로 뿜어져 나오는 거란다."

마리나는 내 이야기에 집중하다가 데오드란트 스프레이를 사용하기 전에 흔드는 걸 깜빡했어요. 덕분에 나는 설명할 거리를 한 가지 더 얻었답니다.

"스프레이를 사용하기 전에 잘 흔들어 주어야 해. 그래야 데오드란트가 추진제와 잘 섞이거든. 잘 흔들어 주지 않으면 데오드란트는 나오지 않고 추진제만 새어 나와. 왜 가끔 스프레이 통 안에 액체가 들어 있는데도 스프레이를 누르면 아무것도 나오지 않을 때가 있잖니? 그게 바로 사용하기 전에 잘 흔들지 않아서 추진제를 다 써 버렸기 때문이야. 남아 있는 데오드란트를 뿜어내기 위해 필요한 추진제가 바닥난 거지."

11:30 가루비누에 숨겨진 화학

이쯤 되자 마리나는 내가 생각했던 것보다 훨씬 화학에 흥미를 보였어요. 빨랫감을 들고 세탁실로 향하는 마리나를 보니 또 좋은 아이디어가 떠올랐죠. 나는 당장 마리나에게 질문했어요.

"가루비누에 뭐가 들었는지 알아?"

"그거야 당연히 비누지!"
마리나는 재미있다는 듯이 대답했어요. 대답은 간단했지만 사실은 그보다 더 복잡한 무언가가 있으리란 걸 짐작한 듯한 말투였죠. 마리나의 짐작은 맞았어요.

" 우선, 가루비누는 그냥 비누가 아니라 세제야. 비누처럼 기름에 반응하는 성분 외에도 약 20가지의 성분이 더 들어 있지. 그래서 옛날에 사용한 조각 비누보다 빨래를 훨씬 더 깨끗하게 해 줘. 세탁할 때는 다른 건 몰라도 이건 꼭 알아야 해. 세제도 빨래를 깨끗하게 해 주지만 오염 제거에 결정적인 역할을 하는 건 직물 조직을 따라 흐르는 물이라는 사실을 말이야. 물을 따라 옷에 묻어 있던 더러운 입자가 씻겨 나가는 거거든.
그런데 옷이 물에 잘 젖는 것도 가루비누 덕분이란 걸 아니? 즉 가루비누는 물이 직물을 더 잘 통과하게 하는 성질을 지닌 거지. 이뿐만 아니라 세제에는 옷에서 빠진 더러운 입자가 다시 옷에 들러붙지 않게 하는 성분도 있어. 또 우유나 핏자국, 초콜릿, 땀 등의 얼룩을 제거할 수 있도록 단백질을 분해하는 효소도 들어 있지. 산화 방지 성분은 또 어떻고! 산화 방지 성분 덕분에 세탁기가 녹슬지 않는 거야.
그리고 희석액은 비누를 잘 녹게 만들어 줘서 옷에서 좋은 향이 나게 해 주지. 마지막으로 흰옷을 더 환하게 만드는 형광 물질이 들어간 세제도 있단다. 형광 물질은 태양광을 받으면 살짝 푸른빛으로 바뀌어. 그러면 흰색이 더 하얗게 보이지."

드라이클리닝

'드라이'는 '마른'이란 뜻이죠. 그럼 드라이클리닝은 마른 옷을 빨래하는 걸까요? 아니에요. 사실은 드라이클리닝을 할 때에도 옷을 적셔요. 일반 세탁과 가장 큰 차이점은 물 대신 퍼크(등유나 테레빈유와 비슷한 화합물)라는 화학 약품이 사용된다는 점이죠. 퍼크는 물로 지워지지 않는 얼룩이나 기름때를 없애는 효과가 있어요. 이것을 넣은 큰 세탁기에 옷을 집어넣고 따뜻한 바람으로 말리면 퍼크와 함께 더러운 얼룩이 사라진답니다.

12:30 숯이 만들어지는 원리

우리는 이야기하느라 어느새 점심시간이 된 것도 모르고 있었어요. 마리나는 집 근처에 있는 숯불구이 식당에 가자고 했죠.
식당으로 가는 길에 마리나는 "오늘처럼 특별한 날은 기념해야 해."라고 말했어요. 그러더니 식당에 들어가 앉자마자 넋을 잃은 채 숯불구이용 석쇠를 바라보더군요. 나는 기회를 놓치지 않았어요.

"숯은 어떻게 만들어질까?"

" 숯은 나무를 높은 온도(400도~1,000도 이상)에서 구워서 만들어. 그냥 태우는 게 아니라 산소가 없는 폐쇄된 공간에서 굽지. 굽는 과정은 매우 천천히 진행되어서 불꽃도 일지 않는데, 초반에는 가스(이산화탄소, 일산화탄소, 탄화수소 등)가 수증기와 섞여서 나와. 가스가 수증기와 섞여 나온다는 말이 어렵게 들리겠지만 실은 너도 잘 알고 있는 거야. 바로 연기란다. 나무에서 더 이상 연기가 나지 않으면 이제 순수한 상태의 숯이 된 거야. 숯은 바로 이런 과정을 거쳐 만들어져. 잘 만들어진 숯이라면 불을 붙였을 때 매우 천천히 탈거야. 숯이 탈 때는 열이 많이 발생하지만(같은 양의 나무를 태울 때보다 2배 정도 더 뜨거워) 연기는 나지 않아! 그래서 장작을 사용할 때는 일단 숯불을 만들고 나서 고기를 구워야 해. 그러지 않으면 고기가 구워질 만큼의 열은 발생하지 않고 연기만 실컷 구경하게 되거든."

중요해요!

숯 1킬로그램을 얻는 데 필요한 목재의 양은 2.5킬로그램이 훨씬 넘는답니다.

맛있는 기네스 기록

아르헨티나의 헤네랄 피고 시는 세계에서 가장 긴 아사도 요리 (아르헨티나식 소고기 숯불구이)를 만들어 기네스에 올랐어요. 이 기록을 세운 행사는 2011년 3월 20일 일요일에 열렸는데 무려 3만 명이 넘는 사람들이 모였답니다. 기록에 따르면 아사도 전문가 80명이 고기 1만 3,713킬로미터를 굽기 위해 장작 2만 5,000킬로그램을 사용했대요.

13:30 인공 감미료의 단맛

숯불구이는 정말 훌륭했어요. 나는 마리나가 화학 이야기를 지겨워하지 않았으면 해서 점심 식사를 하는 내내 화학에 관한 이야기는 입도 뻥긋하지 않았죠. 마리나는 언제 다시 이야기가 시작될지 궁금해 하는 표정으로 나를 바라보았지만 나는 마리나가 먼저 질문할 때까지 기다렸어요. 마리나의 인내심이 바닥난 건 후식으로 커피가 나왔을 때였어요.

"인공 감미료는 먹어도 살이 찌지 않는다는 게 사실이야?"

100배~600배 더 단맛

" 사카린 같은 인공 감미료를 먹어도 살이 찌지 않는다는 말은 사실이 아냐. 인공 감미료의 비밀은 바로 감미료가 내는 단맛에 있어. 설탕보다 100배에서 600배 정도 더 달거든. 즉 설탕으로 인공 감미료와 같은 정도의 단맛을 내려면 엄청나게 많은 양의 설탕이 필요하다는 거야. 이런 인공 감미료를 소비자에게 판매하려면 칼로리가 없는 가루 형태로 만들어야 해. 그렇게 하면 설탕 한 숟가락과 동일한 단맛을 내지만 칼로리는 거의 없는 감미료 한 숟가락이 만들어지지."

달콤한 발견

세계에서 최초로 상업화된 인공 감미료는 1879년경에 우연히 발견되었어요. 미국의 저명한 화학자인 아이러 렘슨의 실험실 학생이었던 콘스탄틴 팔베르크가 그 우연한 발견을 한 주인공이었죠. 그 당시 화학자들은 실험실에서 연구할 때 화합물을 지금처럼 조심스럽게 다루지 않았어요. 장비를 착용하지 않은 채 화합물의 냄새를 맡거나 맛보는 위험한 행동도 서슴지 않았답니다. 팔베르크도 그런 사람들 중 하나였어요. 하루는 실험실에서 연구 중이던 물질이 손에 떨어져서 습관적으로 맛을 보았는데 강한 단맛을 느낀 거예요. 이후 팔베르크는 수년 동안 그 물질을 연구하여 상품으로 만드는 방법을 개발해 냈어요. 1885년에는 특허도 땄죠. 팔베르크는 자신이 발견한 화합물에 '사카린'이라는 이름을 붙였어요. 사카린은 라틴어로 설탕이라는 뜻의 '사카룸'에서 따온 말이랍니다.

14:00 영수증이 인쇄되는 원리

어느덧 집으로 돌아갈 시간이 되었어요. 마리나는 종업원에게 청구서를 받아 확인한 뒤 신용 카드를 내밀었죠. 잠시 뒤 종업원이 영수증을 건네며 사인해 달라고 부탁하자 마리나가 웃으며 말했어요.
"언니, 뭐 잊은 거 없어?"
만약 마리나가 점심을 사 줘서 고맙다는 인사를 바랐다면 나는 아니라고 대답했을 거예요.
하지만 그 순간 영수증에 사인하는 일도 화학에 대한 이야깃거리가 될 수 있다는 점이 떠올랐죠. 난 그 점을 놓치지 않고 이야기를 꺼냈어요.

"신용 카드 영수증은 어떻게 인쇄될까?"

"신용 카드로 결제할 때 사인하는 영수증은 감열지에 인쇄되지. 감열지에 인쇄할 때는 잉크가 필요 없어. 종이와 달리 감열지는 열을 이용해 인쇄하거든.
인쇄 과정은 정말 단순해. 감열지는 열을 받으면 색이 변하는 화학 물질(로이코 염료) 층으로 덮인 종이야. 감열지를 사용하는 인쇄기는 매우 작은 금속 핀들로 구성되어 있는데, 이 핀을 가열해서 종이 위에 부드럽게 접촉시키는 방식으로 인쇄하는 거야. 가열된 핀이 닿은 부분은 색이 검게 변하면서 점이 나타나지. 가게 이름, 물건 가격 등 영수증에 나타나는 정보는 모두 이런 식으로 인쇄되는 거란다.
감열지는 색이 변하는 화학 물질 외에도 종이를 반짝이게 하는 왁스로 코팅되어 있지. 이 왁스는 보호용이라 할 수 있어. 감열지는 공기 중의 산소와 반응하여 글자가 흐릿해지거든. 그래서 글자가 다 지워지지 않게 하려고 보호용 왁스로 코팅하는 거야."

그때 갑자기 마리나의 얼굴이 밝아지더니 호기심 가득한 표정으로 질문했어요.

"코팅을 했는데도 왜 글자가 흐려져?"

"감열지에 인쇄된 글자가 흐릿해지는 현상을 화학에서는 가역 반응이라고 해. 가역 반응이란 특정 조건에서 얼마간 시간이 흐르면 원래의 상태로 되돌아가는 현상을 말하지. 바로 이런 반응 때문에 감열지는 빛이나 공기에 노출되면 색이 흐릿해져. 시간이 흐르면 영수증이 쉽게 더러워진다는 건 너도 알고 있지? 이유는 정말 간단해. 종이를 접거나 손톱으로 긁으면 종이를 감싸고 있는 왁스 층이 금방 벗겨지기 때문이야."

14:30 UV 필터란?

그날따라 날씨가 정말 좋았어요. 또 별달리 바쁜 일도 없어서 집에 들어가기 전에 잠깐 산책을 하기로 했죠. 그런데 마리나가 선글라스를 꺼내 쓰는 모습을 보고 있자니 새로운 질문거리가 떠올랐어요.

"선글라스를 쓰면 태양으로부터 눈을 보호할 수 있을까?"

" 정확하게 대답하자면 경우에 따라 달라. 태양 광선은 다양한 파장의 빛을 포함하고 있지. 그중에 자외선(UV)이라고 불리는 파장은 눈에는 보이지 않지만 여기에 노출되면 눈이 손상될 수 있어. 그래서 안경 렌즈에 UV 필터를 적용하지. UV 필터는 자외선을 반사하거나 흡수하는 화학 물질 층이거든. 자외선 차단제의 원리도 이와 유사해.
단, 선글라스라고 해서 모두 자외선 차단 효과가 있는 건 아냐. 그냥 색깔을 넣은 유리나 플라스틱으로 만들어진 것도 있으니까. 그런 선글라스는 렌즈를 통과하는 빛의 강도만 낮출 뿐이야. 차라리 안 쓰느니만 못하지. 눈 앞에 이런 '검은색 커튼'을 치면 눈동자가 커져서 선글라스를 쓰지 않을 때보다 자외선에 더 많이 노출되거든."

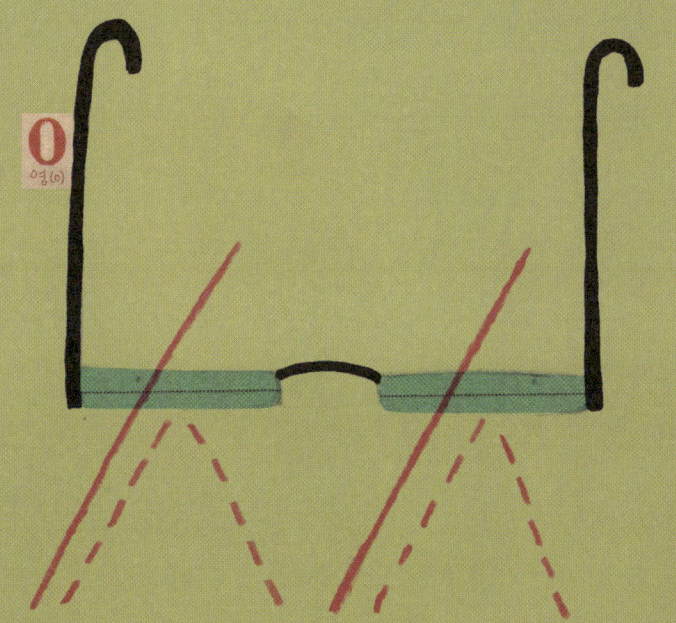

선글라스를 쓴 재판관

최초의 선글라스는 연기로 그을려 색깔을 낸 안경이었어요. 중국에서 1430년경에 사용되었죠. 당시에는 선글라스를 쓰는 이유가 태양으로부터 눈을 보호하거나 멋을 내기 위해서가 아니었어요. 재판관이 법정에서 쓰는 용도였죠. 무슨 말이냐고요? 당시 중국의 재판관은 재판이 진행되는 동안 눈에 감정이 드러나는 것을 숨기고 무슨 생각을 하는지 들키지 않으려고 선글라스를 썼답니다.

15:30 아이스크림이 만들어지는 원리

산책을 했더니 더워졌어요. 나는 마리나가 좋아하는 아이스크림을 사 주겠다고 했지요. 가게에 막 들어서는데 마리나가 아이스크림을 사 주는 다른 이유가 있는 게 아니냐며 의심에 가득 찬 눈길로 날 쳐다보더군요. 사실 마리나 말대로 내겐 다른 의도가 있었답니다.

"아이스크림은 어떻게 만들까?"

"부드러운 아이스크림을 만들려면 몇 가지 재료만 있으면 돼. 우유와 크림, 그리고 설탕. 이렇게 세 가지 재료면 충분하지. 하지만 아이스크림을 맛있게 만드는 것은 꽤 어려워.
화학적으로 말하자면 아이스크림은 유화액이라 할 수 있어. 유화액이란 물과 기름처럼 섞이지 않는 두 가지 액체 물질이 잘 섞여 있는 상태를 말해. 두 물질이 잘 분산된 상태이기도 하지. 크림과 우유의 지방 성분이 설탕, 물, 얼음 등과 섞여 거품 형태를 만들어 아이스크림이 되는 거야. 그럼 유화액은 어떻게 만들어지는지 궁금하지 않니? 우선 지방을 물과 잘 섞어. 그런 다음 천천히 식히면 작은 기름 덩어리들이 만들어지지. 기름이 물보다 먼저 얼거든. 이렇게 되면 점성이 생겨 끈적끈적해지는데 이 상태에서 힘차게 휘저어 준 뒤 냉동실에서 얼리면 수백만 개의 작은 얼음 결정 입자와 공기 방울이 생겨. 그 공기 방울 덕분에 아이스크림 형태가 유지되는 거야. 물 결정체와 공기 방울, 작은 지방 덩어리들의 입자가 작고 많을수록 부드럽고 입에서 살살 녹는 아이스크림이 만들어지지. 누구나 먹고 싶어 하는 그런 아이스크림 말이야."

내 말이 끝나기가 무섭게 마리나가 기다렸다는 듯이 물었어요.
"녹은 아이스크림을 냉동실에서 다시 얼리면 아이스크림이 원래 모양대로 돌아오지 않는 이유는 뭐야?"

"아이스크림을 잠시 동안 냉동실 밖에 두면 작은 얼음 결정 입자들이 녹으면서 공기 방울이 작아지거든. 그래서 녹은 아이스크림은 다시 얼려도 이전과 같은 모양으로 되돌릴 수가 없어. 그뿐만 아니라 이전보다 단단해지지. 이 또한 공기 방울이 작아졌기 때문이야. 다시 얼린 아이스크림에 얼음 조각이 맺혀 있다면 그건 얼음의 결정 입자가 커진 상태에서 얼렸다는 뜻이란다."

16:00 집에서 만든 아이스크림과 공장에서 만든 아이스크림의 차이점

아이스크림 가게에서 나와 집으로 가면서도 우리는 아이스크림에 숨겨진 과학의 비밀에 대해 계속 이야기했답니다. 이야기를 하면 할수록 마리나는 더 큰 관심을 보였어요. 그러다 마침내 내가 기다리던 질문을 했죠.

"집에서 만든 아이스크림과 공장 아이스크림은 뭐가 달라?"

> 그 둘은 사실 만드는 과정이 비슷해. 다른 점이 있다면 공장 아이스크림은 집에서 만드는 것보다 공기를 훨씬 더 많이 머금고 있다는 거야. 3배 정도 더 많지. 그래서 아이스크림 가게에서는 아이스크림을 무게 단위로 팔지 않고 부피 단위, 다시 말해 아이스크림을 담는 그릇 단위로 파는 거야.
>
> 그런데 공장 아이스크림에는 공기가 차지하는 부피 외에 또 다른 점이 있어. 공장에서는 아이스크림을 만들 때 색소와 보존료, 식품 첨가물을 넣는다는 점이지. 이런 물질들은 주로 천연 재료의 맛을 흉내 낸 화학 물질이야. 공장에서 만든 딸기 아이스크림에 딸기가 들어 있지 않은 이유도 바로 그 때문이지. 식품 첨가물로 어떻게 천연 재료의 맛을 흉내 낼 수 있는지 궁금하지 않니? 천연 재료에는 맛을 내는 물질이 수십 개, 또는 수백 개 들어 있는 경우가 많아. 그중에는 맛을 내는 물질이 단 하나이거나 몇 가지 안 되는 재료도 있지. 식품 첨가물을 만들 때, 맛을 내는 데 결정적인 역할을 하는 이런 물질을 이용한단다."

아이스크림의 역사

아이스크림은 얼마나 오래 되었을까요? 믿기 힘들겠지만, 냉장고의 역사보다 더 깁답니다. 전해지는 말에 따르면, 약 4,500년 전 중국 사람들이 아이스크림을 처음 만들었대요. 우유와 향신료, 꿀로 만들어진 아이스크림이었죠. 아이스크림이 서양에 전해진 건 14세기 초였어요. 이탈리아 베네치아의 상인이었던 마르코 폴로 덕분이었죠. 물론 서양 사람들도 그 이전부터 아이스크림 비슷한 걸 먹고 있었어요. 과일과 눈으로 만든 음식이었죠. 그런데 만들기가 무척 까다로웠어요. 만들고 보관하려면 눈이 필요했으니까요. 그래서 그 시절의 아이스크림은 왕족 등 몇몇 사람들만 즐길 수 있는 귀한 음식이었답니다.

16:15 휘발유의 완전 연소와 불완전 연소

우리는 집 앞 건널목에 도착해서 신호등 불빛이 초록불로 바뀌기를 기다리고 있었어요. 그런데 불빛이 초록색으로 바뀌려고 할 때 트럭 한 대가 속도를 내며 달려가는 게 아니겠어요? 그 바람에 검은 연기가 나고 고약한 냄새가 코를 찔러서 우리는 기침을 했어요.
"난 언니 이야기를 들을 준비가 되어 있어."
마리나는 트럭에서 나온 연기를 보고 재미있는 화학 현상 때문이란 걸 짐작한 듯 먼저 말을 걸었답니다.

"차에서 나오는 검은 연기의 정체는 뭘까?"

"휘발유가 완전 연소되면, 즉 휘발유가 완전히 타면 자동차에서 가스가 나와. 유독 가스이기는 하지만 색깔은 없지. 반면에 휘발유가 불완전 연소되면, 즉 제대로 타지 않으면 검은 연기가 나와. 검은 연기가 나오는 이유는 휘발유가 가스로 바뀌는 데 필요한 공기(산소)가 충분치 않기 때문이지. 그 결과 작은 입자(흑연 형태의 탄소)가 생겨서 고약한 냄새가 나는 검은 연기가 발생하는 거야. 이런 현상이 차에만 발생하는 건 아냐. 장작불에서 요리할 때 시간이 얼마 지나지 않았는데도 냄비가 검게 타는 걸 본 적이 있을 거야. 보통 사람들은 냄비가 타서 그렇다고 생각하지만 사실은 장작이 제대로 타지 않아서 생기는 그을음이 냄비 위에 묻은 거야."

"아! 그렇구나. 그런데 자동차 엔진에서 나오는 가스에 독성이 있다니 정말 걱정이네……. 그게 사실이야?"
마리나가 물었어요.
"그래, 사실이야. 하지만 이번에도 화학에서 해결책을 찾을 수 있단다."
나는 이렇게 대답하고 촉매 장치가 무엇인지 마리나에게 설명해 주었어요.

"자동차 엔진의 가스는 배기관을 통해 밖으로 나오기 전에 벌집과 비슷한 모양의 특수 장치를 통과해. 이 부분을 촉매 장치라고 하지. 여기서 화학 작용이 일어나서 유독 가스가 수증기나 이산화탄소, 질소 등 독성 없는 물질로 바뀌는 거야."

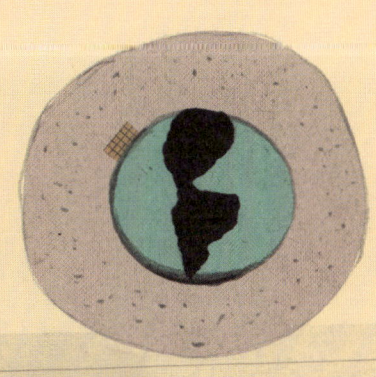

중요해요!

이산화탄소는 지구를 둘러싸고 지구의 온도를 높여요. 이를 온실 효과라고 하죠. 그래서 대기 중 이산화탄소 농도가 높아지면 환경에 심각한 문제가 생겨요.

16:30 에어백의 원리

그때였어요. 트럭 한 대가 우리 앞을 쌩 하고 지나갔죠. 덕분에 자동차에 얼마나 많은 화학 이야기가 숨어 있는지 마리나에게 말해 줄 수 있었어요. 자동차에는 타이어를 만들 때 쓰이는 재료들, 페인트와 연료, 브레이크의 구성 성분 등 셀 수 없이 많은 화학적 요소가 있거든요. 마지막으로 나는 내가 가장 관심이 많은 장비에 대해 설명했어요.

"에어백은 어떻게 작동하는지 궁금하지 않니?"

300 KM/H

"몇 년 전부터 자동차에 에어백이 장착되기 시작했어. 에어백은 심한 충돌이 발생할 때 차에 타고 있는 사람이 핸들이나 앞 유리에 부딪히지 않게 해 주는 공기 주머니야. 어떻게 작동하는지 궁금하지? 자동차가 충돌하면 센서가 충격을 감지해서 전자 신호를 보내. 이때 두 가지 물질 사이에 화학 반응이 일어나지.

이 반응으로 다량의 질소 가스가 발생해 에어백이 부풀어 오르는 거야. 질소 가스는 특수 장치에 저장되어 있다가 시속 300킬로미터의 속도로 배출되지. 이 모든 과정이 눈 깜짝할 사이에 일어나. 에어백이 부풀어서 승객과 유리창 사이에 터지기까지 걸리는 시간은 불과 0.05초에 불과하니까.

눈 한 번 깜빡하는 시간보다 짧다니까! 에어백이 터지고 잠시 뒤에는 가스가 공기 주머니에 있는 작은 구멍을 통해 천천히 새어 나와. 그 결과 생긴 틈새로 승객은 몸을 움직여 차에서 나올 수 있지.

그건 그렇고, 에어백은 무슨 천으로 만들어지는지 알고 있니? 나일론이라고 불리는 유명한 합성 섬유로 만들어진단다. 나일론은 스타킹, 칫솔, 장바구니 등을 만드는 데 쓰이기도 해. 에어백은 정말이지 화학 그 자체라고 할 수 있지!"

플라스틱 조각 1000개

여기도 플라스틱, 저기도 플라스틱

화학을 적용하면서 재료에 엄청난 변화가 일어났어요. 이 변화로 가장 큰 혜택을 입은 분야는 자동차 산업이었죠. 자동차 한 대에 들어가는 플라스틱 부속과 합성 고무는 1,000개가 넘는답니다. 무게만 해도 100킬로그램이 넘지요. 이렇게 말하면 굉장히 무거운 것 같지만, 불과 몇 년 전까지 사용된 금속의 무게가 300킬로그램이 넘었던 것에 비하면 상당히 가벼워진 거예요. 플라스틱을 비롯해 화학을 활용해서 개발한 재료 덕분에 오늘날 더 적은 양의 연료로 자동차가 움직일 수 있게 되었거든요. 그뿐만 아니라 배출되는 유독 가스의 양도 확연히 줄어들었어요. 최근에 만들어진 차가 뿜어내는 유독 가스의 양은 1950년에 만들어진 차가 배출한 양의 10퍼센트에 불과하답니다. 하지만 과거에 비해 운행되는 차량의 수가 훨씬 더 많아졌으니 유독 가스 배출량을 줄이기 위해 더 노력해야겠지요!

17:00 폴리우레탄의 다양한 용도

마리나는 집에 도착하자마자 침대에 눕더니 최근에 푹 빠져 있는 소설을 읽었어요. 이제 화학 이야기는 잠시 접어 두고 좀 쉬고 싶어 하는 눈치였죠. 그래서 나는 마리나를 괴롭히지 않고 미뤄 두었던 할 일을 했어요. 잠시 뒤 먼저 말을 꺼낸 사람은 마리나였어요. 개구쟁이 같은 말투였죠.

"침대 매트리스에는 얼마나 많은 화학이 숨어 있을까?"

"엄청 많지! 매트리스는 폴리우레탄이라는 물질에 기포가 들어 있는 거야! 간단하게 보자면 매트리스는 두 가지 기본 재료로 만들어졌어. 이렇게 말하면 요리법처럼 들리지? 매트리스를 만들려면 공기 방울과 끈적끈적한 액체가 필요해. 그걸 컨베이어 벨트 위에 붓지. 이때 화학 반응이 일어나면서 가스가 발생해. 그 결과 거품이 많이 생기는 크림 같은 게 만들어지지. 거기에다 열을 가하면 거품이 뜨거워지면서 크기가 빠르게 팽창해. 우유를 끓일 때 거품이 생기는 것과 비슷하지. 이 상태에서 2~3분 정도 두면 원하는 모양으로 굳힐 수 있어. 거품에서 열이 빠져 더 이상 커지지 않으면 모양이 고정된 거대한 젤라틴이 탄생한단다. 이제 원하는 크기로 자르고 완전히 굳을 때까지 기다리기만 하면 돼. 그러면 매트리스 완성!"

마리나는 믿기 어렵다는 듯 매트리스를 바라보더니 매트리스 위에서 깡충깡충 뛰기 시작했어요. 매트리스를 다시 액체 상태로 돌려놓으려는 것처럼 말이죠. 나는 마리나에게 또 깜짝 놀랄 만한 이야기를 들려주었어요.

"정말 흥미로운 점은 단순해 보이는 폴리우레탄으로 굉장히 다양한 것을 만든다는 거야. 스펀지처럼 부드러운 것에서부터 자동차의 범퍼처럼 단단한 것까지, 그리고 페인트, 접착제, 아이스박스, 자동차 좌석, 소파 등등. 폴리우레탄은 우리 생활 곳곳에 있어. 모양만 달라질 뿐이지!"

17:30 탄산음료의 거품

마리나는 푹신푹신한 매트리스에서 벗어나 부엌으로 갔어요. 그러고는 냉장고에서 탄산음료를 꺼내 컵에 따랐지만 바로 후회했죠. 냉장고에 보관한 지 오래되어 김이 많이 빠져 있었거든요. 나는 이때다 싶어서 또 이야기를 시작했어요.

"탄산음료의 거품은 왜 생기는 걸까?"

> 탄산음료에 거품이 일어나는 이유는 공장에서 음료수 병에 액체 상태로 주입한 이산화탄소 때문이야. 이산화탄소는 기체 아니냐고? 맞아. 하지만 액체로 만들 수도 있어. 높은 압력을 가하면 액체가 되어 훨씬 많은 양의 이산화탄소를 병에 집어넣을 수 있지. 이산화탄소를 넣은 병을 열면 병의 내부 압력이 낮아지면서 가스 분자들이 빠져나오려고 하는데, 이때 가스 분자들이 뭉치면서 거품이 만들어지는 거야. 그래서 우리는 음료수를 마실 때 혀가 간질거리는 느낌을 받게 되지. 탄산음료 병을 처음 열 때면 꼭 '칙~' 하는 소리가 나잖아? 이 소리는 병에 들어 있던 가스가 공기 중으로 새어 나가는 신호야. 탄산음료의 거품을 가능한 한 오래 유지하려면 두 가지를 명심해야 해. 하나는 처음에 병을 열 때보다 더 차가운 온도에 보관할 것! 탄산음료의 가스는 액체의 온도가 높으면 높을수록 더 쉽게 빠져나가거든. 다른 하나는 병뚜껑을 빨리 닫는 거야. 그래야 가스 분자들이 조금이라도 더 오래 음료수 안에 머무를 테니까."

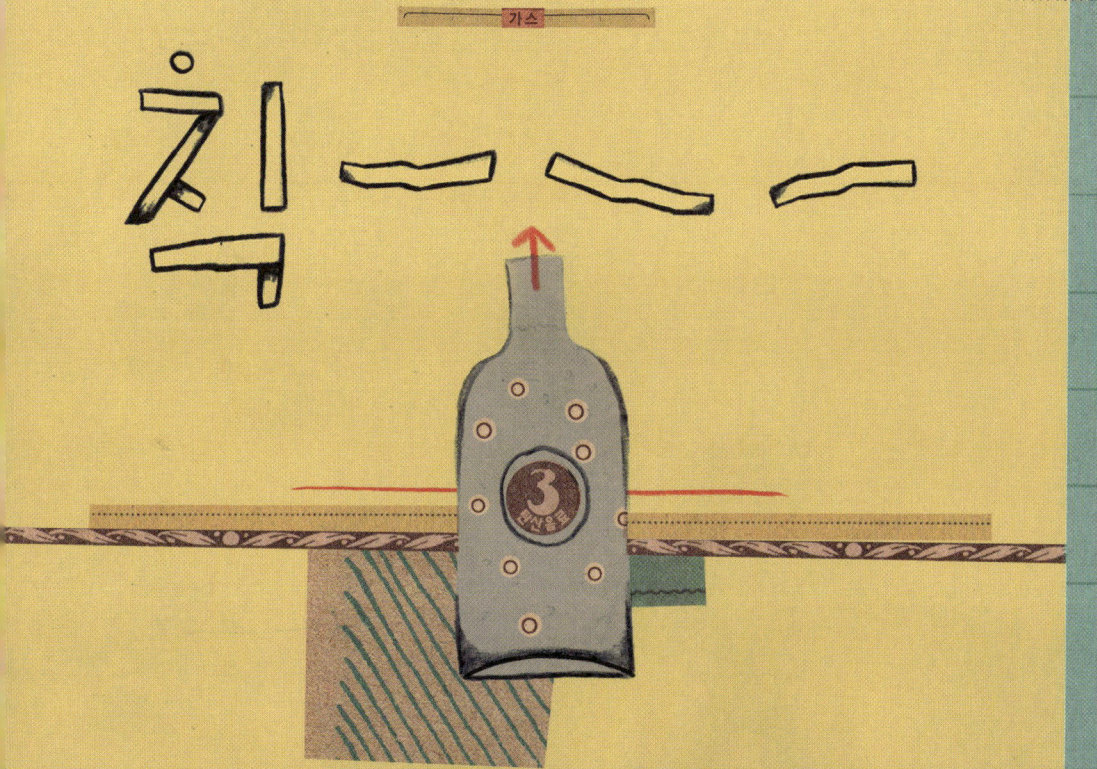

조심해요!

잠수부가 주로 활동하는 깊은 바닷속은 주변 압력이 매우 높죠. 이때 잠수부가 수면으로 급하게 올라오면 주변 압력이 급격히 낮아지면서 잠수부 혈액 속의 가스가 거품을 형성한답니다. 그러면 잠수부는 매우 위험한 상태에 빠지게 돼요. 그러니 깊은 바닷속에 있다가 물 위로 올라올 때는 몸속 장기가 압력 변화에 적응할 수 있도록 천천히 올라오면서 중간중간 쉬어야 해요.

18:00 스포츠웨어용 천의 미세 구조

마리나는 탄산음료 한 컵을 다 마시더니 운동하러 공원에 가자고 했어요. 그러고는 내가 대답을 하기도 전에 전날 샀던 스포츠웨어를 입고 나타났죠. 나도 스포츠웨어로 갈아입으면서 마리나에게 새로운 질문을 던졌답니다.

"스포츠웨어의 특징은 뭘까?"

"디자인과 색상이 다양할 뿐만 아니라 화학적 작업을 거친 천을 사용한다는 점이 특징이야. 스포츠웨어용 천의 섬유를 현미경에 비춰 보면 기본 단위의 분자가 반복적으로 결합되어 있다는 걸 알 수 있어. 이것을 합성수지라고 해. 이들 분자 중에는 확장된 섬유형 테플론(ePTFE)이라는 화합물이 있는데, 섬유형 테플론은 스포츠용 제품을 만드는 데 아주 중요한 물질이야. 왜냐하면 섬유형 테플론으로 만든 천에는 아주 작은 구멍이 수백만 개나 있거든. 이 구멍은 물방울보다 2만 배 더 작지만 수증기 분자보다는 약 700배 더 커. 그래서 빗방울이나 습기는 천을 통과하지 못하지만 몸에서 나는 땀의 수증기는 쉽게 밖으로 빠져나가지. 그 덕분에 이 천으로 만든 스포츠웨어를 입은 운동선수들은 운동을 많이 해도 땀에 흠뻑 젖지 않아."

중요해요!

땀을 흘릴 때는 몸에서 열이 나요. 그래서 땀이 수증기로 변한답니다.

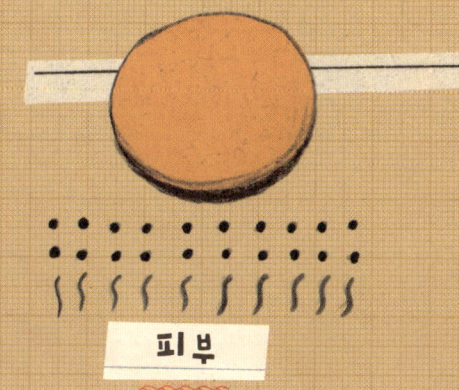

합성수지의 다양한 용도

매트리스를 만들 때 사용되는 폴리우레탄과 에어백을 만들 때 사용되는 나일론도 합성수지랍니다.

달려라!

기원전 490년경 그리스의 마라톤 평원에서 그리스와 페르시아의 군인들이 전투를 벌였어요. 이 전투에서 그리스 인들이 승리하였죠. 당시 필리피데스라는 그리스 병사는 전투가 끝나자마자 승전보를 전하기 위해 아테네의 마라톤 평원을 달렸어요. 하지만 필리피데스는 너무 먼 거리를 쉬지 않고 달린 탓에 국민들에게 승리의 소식을 전하자마자 숨을 거두고 말았답니다.

그리스 인들은 그의 업적을 기리기 위해 1896년에 마라톤을 올림픽 경기 종목으로 등록했어요. 마라톤이 어떤 경기냐고요? 선수들이 필리피데스가 승전보를 전하기 위해 달린 거리와 거의 같은 42.195킬로미터의 거리를 달리면서 지구력을 겨루는 경기랍니다.

19:30 케이크를 굽는 동안 일어나는 일

마리나와 나는 한 시간 동안 열심히 달리기를 했어요. 그러고는 공원 벤치에 앉아서 쉬었죠. 우리 둘이 하루를 함께 보낸 것을 기뻐하며 우리는 저녁을 먹은 뒤에 디저트로 먹을 케이크를 사기로 했어요. 가게에서 점원이 케이크를 포장하는 동안 나는 마리나에게 새로운 수수께끼를 냈답니다.

"끈적끈적한 밀가루 반죽이 어떻게 해서 폭신폭신한 케이크로 변신할까?"

" 우유와 달걀, 밀가루는 케이크를 만들 때 빠지지 않는 재료야. 케이크를 만들 때는 조리법에 나와 있는 재료의 양과 규칙을 반드시 지켜야 하지. 여러 재료가 잘 어우러져야 하니까. 그러지 않으면 반죽이 부풀어 오르지 않아서 맛있는 케이크를 만들 수 없어. 반죽을 만들려면 우선 거품을 많이 만들어야 해. 어떻게 하면 거품이 많이 생기는지 궁금하지? 일단 힘차게 저어. 그렇게 하면 공기 방울이 반죽에 들어가거든.
그리고 탄산수소나트륨이 포함된 베이킹파우더를 넣지. 베이킹파우더에 있는 화학 물질이 이산화탄소 방울을 엄청나게 많이 만들어 내는데, 반죽을 오븐에 넣으면 이 이산화탄소 방울이 열을 받아 더욱 커지거든. 동시에 우유와 달걀흰자에 들어 있던 수분이 증발하면서 새로운 방울이 형성돼. 그렇게 일정 시간이 지나면 수백만 개가 넘는 방울의 표면이 단단해지면서 반죽 덩어리가 부풀어 올라 훨씬 더 폭신폭신하고 촉촉한 상태가 되지. 단, 반죽을 오랫동안 오븐에서 구우면 수분이 너무 많이 증발해서 케이크가 푸석푸석하고 딱딱해져. 그리고 오븐이 지나치게 뜨거우면 케이크의 표면은 말라서 갈라지고 속은 제대로 익지 않지. 그렇게 되면 겉은 딱딱한데 속은 설익은 케이크가 만들어져."

나는 설명하는 데 집중하느라 마리나가 케이크 값을 치른지도 몰랐답니다. 나는 앞장서 가게를 나가는 마리나 뒤를 쫓아가면서 새로운 질문을 던졌어요. 예상 외로 마리나는 내 질문에 큰 관심을 보였죠.

"케이크를 구울 때 왜 오븐을 열면 안 되는지 아니?"

" 요리 도중에 오븐을 열면 오븐 안의 온도가 갑자기 내려가서 거품이 작아져. 그런 상태에서 오븐을 닫으면 온도는 다시 올라가지만 거품이 이미 딱딱해져서 반죽이 안 부풀지. 그래서 케이크가 푸석푸석하고 딱딱해지는 거야."

189

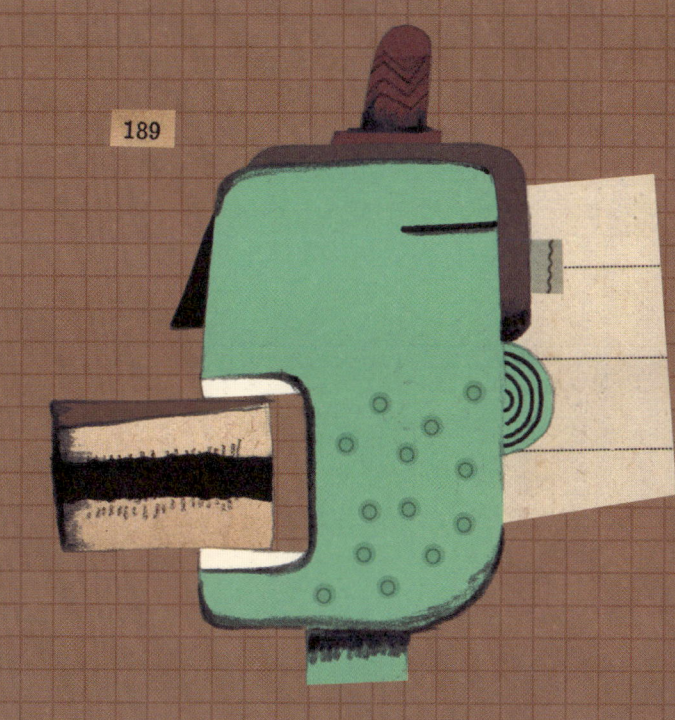

20:00 양파를 썰 때 눈물이 나는 이유

집에 도착한 우리는 부모님이 계시는 부엌으로 갔어요. 그런데 엄마 눈에 눈물이 가득 고여 있는 게 아니겠어요? 엄마는 걱정하는 우리를 보고 웃음을 터트리셨어요. 알고 보니 양파를 써느라 눈물을 흘리신 거였죠. 나는 내 설명을 들어줄 사람이 많아진 게 기뻐서 우쭐한 기분으로 설명을 시작했어요.

"양파를 썰 때 왜 눈물이 나는지 아세요?"

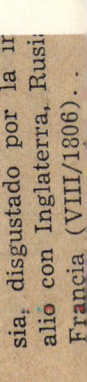

"과학적 관점에서 설명하자면 이래요. 양파를 썰면 양파의 세포가 파괴되죠. 이때 세포 안에서 분리되어 있던 성분들이 빠져나오고 그 성분들이 서로 만나면서 반응을 일으켜요. 그 반응의 결과로 설폭사이드계 화합물과 같은 기체 화합물이 만들어지죠. 설폭사이드계 화합물은 물과 만나면 황산 성분을 만들어요. 바로 이 성분 때문에 눈이 따가워져 눈물이 나는 거랍니다. 하지만 황산은 물로 씻어 낼 수 있어요. 갑자기 물을 어디서 구하냐고요? 영화의 슬픈 장면을 떠올려 보세요. 눈물이 나죠? 눈물은 황산 성분을 씻어 내는 특효약이랍니다. 만약 눈물을 흘리고 싶지 않거나 증상을 약화시키고 싶으면 보호용 안경을 쓰는 게 좋아요. 웃음거리가 되는 건 감수해야 하겠지만요. 사실 가장 좋은 방법은 눈물이 아닌 다른 데서 수분을 공급받는 거예요. 그 방법은 아주 간단해요. 예를 들면 물줄기를 맞으면서 양파를 써는 거죠. 하지만 이것도 완벽한 해결책은 아니에요. 왜냐하면 설폭사이드 계열의 화합물 중 일부는 물과 반응하지 않은 채 공중에 흩어져서 눈에 들어가니까요. 효과는 좀 약하지만 다른 방법이 또 있어요. 바로 양파를 차갑게 보관하는 거랍니다. 화학 반응은 온도가 낮을수록 더 천천히 일어나요. 그러니 차가운 양파를 썰면 설폭사이드계 화합물이 덜 발생하고 그 결과 황산 성분도 덜 형성되죠. 그래서 눈이 덜 따가워질 수 있답니다."

갈치

A

공기

시적으로 설명하자면……

가난한 이들의 별이여
깨지기 쉬운 껍질에
겹겹이 싸인
뜻하지 않은 행운의 존재여
땅 위의 소금
별의 씨앗처럼
영원 그대로의 순결함이여
너를 베는
부엌칼에서
고통 없는 눈물 한 방울 솟아나는구나
너는 슬픔 없는 눈물을 흘리게 하는구나

칠레 시인 파블로 네루다의 〈양파에게 바치는 송가〉

20:30
더러운 것이 들러붙지 않는 물질의 특징

내 설명을 가만히 듣고 계시던 아빠가 스페인식 토르티야 (고기와 양파 등을 썰어 볶은 것을 프라이팬에 지진 달걀로 싼 요리)를 만들기 시작했어요. 토르티야는 아빠가 가장 잘하는 요리랍니다. 아빠는 앞치마를 입으시더니 즐겨 사용하시는 프라이팬을 찾으셨어요. 그때 마리나가 생글거리며 다음 퀴즈를 내 보라고 재촉했죠. 마침 나도 다음 질문을 이미 생각해 두고 있었답니다.

"음식이 눌어붙지 않게 하는 프라이팬의 비밀은 뭘까요?"

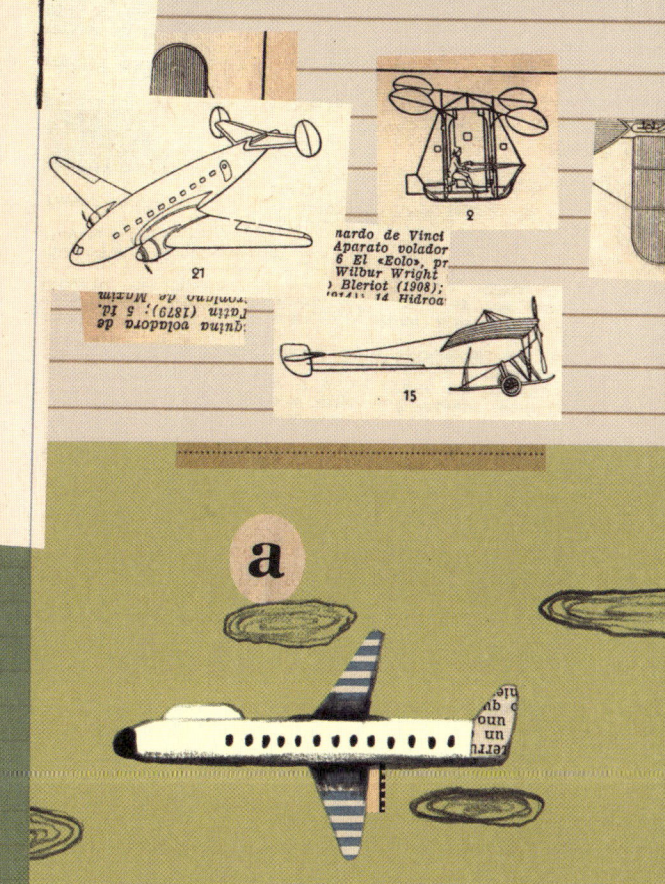

"먼저 질문을 하나 드릴게요. 무언가가 다른 데 들러붙으면 어떻게 하시나요? 토르티야가 프라이팬에 눌어붙는 이유는 달걀이 프라이팬에 생긴 아주 미세한 틈 사이에 들어가서 빠져나오지 않기 때문이에요. 이 현상을 예방하기 위해서 사람들은 팬에 기름을 두르죠. 기름은 프라이팬 표면에 생긴 틈을 채워 음식 재료가 눌어붙지 않게 한답니다. 그런데 이 방법을 써도 여전히 들러붙는 화학 물질이 있어요. 그런 물질은 서로 결합되는 분자들로 구성되어 있죠. 토르티야를 만들 때 쓰이는 재료의 구성 분자들이 서로 결합하면 프라이팬에 눌어붙어 버리는 거예요. 이 문제를 해결하는 가장 좋은 방법은 테플론(PTFE) 처리된 프라이팬을 사용하는 거랍니다. 테플론은 스포츠웨어를 만들 때 사용되는 재료와 같아요.

그렇다면 테플론의 특징은 뭘까요?
우선, 금속 위에 테플론을 여러 층 입히면 표면이 완전히 매끄러워져요. 틈이 거의 없는 상태가 되죠. 또 테플론 분자는 다른 분자나 액체 또는 고체와 결합하지 않아요. 그래서 테플론으로 코팅된 프라이팬은 토르티야를 만들기에 이상적인 조리 도구랍니다. 기름을 사용하지 않고도 토르티야를 쉽게 만들 수 있죠!"

다양한 쓰임새

테플론은 굉장히 용도가 다양해서 어디서나 찾아볼 수 있답니다. 의수나 의족, 인공 섬유를 만드는 데에도 사용되죠. 신축성이 뛰어나고 직물과 접촉해도 반응이 일어나지 않기 때문이에요. 또 심한 온도 변화를 견딜 수 있기 때문에 비행기나 우주선 덮개로도 쓰여요. 이외에도 매우 매끄러워서 기계 부속의 덮개로도 쓸 수 있죠. 부속이 마찰하더라도 닳지 않게 해 주니까요.

— 183 —

21:00 면이 붇는 이유

저녁 식사가 준비되었다는 말에 우리는 모두 식탁에 둘러앉았어요. 저녁 메뉴는 우리 식구가 모두 좋아하는 면 요리였죠. 그래서 나는 또다시 질문을 던졌답니다.

"면은 왜 붇는 걸까요?"

> 쌀이나 옥수수, 감자와 마찬가지로 면에는 녹말이 들어 있어요. 녹말 분자는 서로 결합하여 작은 알갱이를 만들어요. 이 작은 알갱이가 뜨거운 물과 만나면 결합된 매듭이 풀리죠. 이렇게 형태가 변하면서 수분을 흡수하는데 흡수된 수분은 갇혀 다시 빠져나오지 못해요. 그래서 면을 끓이면 수분이 공급돼 부드러워지면서 부피가 증가하는 거예요. 이 과정은 되돌릴 수 없기 때문에 끓는 물에 넣고 요리한 면을 원래의 건조한 면으로 만드는 것은 불가능하답니다."

수프와 관련된 아르헨티나 속담

- 또 수프야!(지겹다는 뜻)
- 하늘에서 내리는 비처럼 많은 수프, 내 손엔 포크 (운이 나쁜 상황을 빗대어 하는 말)
- 수프를 많이 만들다(남 좋은 일이 된 상황)
- 수프에서 머리카락 찾기(언제나 나쁜 점을 지적하는 사람에게 하는 말)
- 손에서 입으로 가져가는 동안 사라지는 수프 (짧은 시간에 많은 일이 일어날 수 있다는 뜻)

인류에게 유리한 진화

침에는 음식물을 소화시키는 효소(아밀라아제)가 있어요. 이 효소는 녹말을 말토오스(달콤한 물엿의 성분)로 바꾸죠. 최근에 발표된 연구 결과에 따르면, 인간은 다른 영장류보다 이 효소를 더 많이 만들어 낸대요. 그 덕분에 우리 선조들은 고기와 과일이 부족한 시대에 녹말이 풍부한 쌀과 곡류를 많이 섭취해서 다른 영장류보다 유리하게 진화했던 것 같아요.

22:00 화학과 우리

저녁 식사는 정말 훌륭했어요. 매우 유쾌한 시간이었죠. 우리는 함께 보낸 하루를 되돌아보았어요. 나는 마리나가 화학에 흥미를 느끼게 되어서 무척 기뻤죠. 케이크가 바닥을 드러낼 즈음 마리나가 건배를 하자고 했어요. 마리나는 잔을 들고 미소 띤 얼굴로 이렇게 말했답니다.

"내가 그동안 화학에 대해 잘 모르고 있었다는 것을 인정해요. 화학은 지금까지 우리가 더 나은 삶을 살 수 있도록 도와주었고, 분명 앞으로도 그럴 거예요. 화학은 우리가 일상에서 사용하는 거의 모든 사물에 존재하는 매우 흥미로운 분야죠."

우리 생활 속의 화학을 위하여!

건배! 건배!

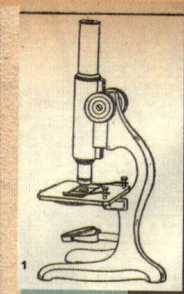

백신
의수, 의족
의약품
운송수단
통신
연료
9 신기술
음료수 
식품
재료
292
보존
합성
에너지
파이프
섬유
폐기물 처리
→ 위생
청소
환경
비료
플라스틱 8
페인트 → 접도
피복

조금 더 알고 싶다면 다음을 참고하세요

· 케미스토리 www.chemistory.go.kr
– 환경부에서 제공하는 어린이 화학 교실 사이트예요.
· 어린이 과학동아 kids.dongascience.com
– 어린이를 위한 과학 기사와 과학 만화를 볼 수 있어요.

글 실바나 푸시토

부에노스아이레스대학교에서 화학 박사 학위(자연 정밀 과학부)를 취득했어요. 부에노스아이레스대학교와 아르헨티나 비즈니스대학교 교수로 일했답니다.

글 일레아나 로테르스타인

부에노스아이레스대학교 자연 정밀 과학부를 졸업했어요. 일찍이 과학 지식 전파가 자신의 사명임을 깨달은 일레아나는 틀루아르 재단과 함께 '과학 보급 입문' 강연을 시작했지요. 이후로 「라 나시온」「페르필」「파히나 12」 등 많은 신문에 기사를 쓰기도 했답니다. 여러 권의 책에 공동 저자로 참여하기도 했어요.

그림 파블로 피시크

소묘와 회화, 그래픽디자인 분야에서 일하고 있어요. 여러 책과 잡지, 신문에 그림을 실었답니다. 각종 포스터와 텔레비전, 사회사업, 제품 속에서도 피시크의 작품을 만날 수 있지요. 독일을 비롯한 여러 나라에서 작품을 발표하고 전시도 했답니다.

옮김 윤승진

한국외국어대학교 스페인어과를 졸업한 후 동 대학 통번역대학원 한서과를 졸업했어요. 현재 한국외국어대학교 통번역대학원 한서과에서 강의 중이며 엔터스코리아 스페인어 전문 번역가로 활동 중이에요. 옮긴 책으로는 『FC바르셀로나 바이블』『레알 마드리드 바이블』『세계의 역사와 문화가 쉬워지는 재밌는 성경 이야기』『알로하! 호오포노포노』 등이 있어요.

감수·추천 이덕환

서울대학교 화학과를 거쳐 미국 코넬 대학교 화학과에서 박사학위를 취득했고, 미국 프린스턴대학교의 연구원을 거쳐 서강대학교 화학과에서 교수로 재직 중이에요. 쓴 책으로는 『이덕환의 과학세상』이 있고, 옮긴 책으로는 『거의 모든 것의 역사』『양자: 101가지 질문과 답변』 등이 있어요.

교과 연계

3-1 과학	1. 우리 생활과 물질	09:30	"비누로 닦으면 왜 깨끗해질까?"(12-13쪽)
		13:30	"인공 감미료는 먹어도 살이 찌지 않는다는 게 사실이야?"(22-23쪽)
		14:30	"선글라스를 쓰면 태양으로부터 눈을 보호할 수 있을까?"(26-27쪽)
		17:00	"침대 매트리스에는 얼마나 많은 화학이 숨어 있을까?"(36-37쪽)
		20:30	"음식이 눌어붙지 않게 하는 프라이팬의 비밀은 뭘까요?"(46-47쪽)
3-2 과학	2. 지층과 화석 3. 액체와 기체	09:45	"연필과 다이아몬드의 공통점이 뭔지 아니?"(14-15쪽)
		10:30	"에어로졸 스프레이가 어떻게 분사되는지 아니?"(16-17쪽)
		16:00	"집에서 만든 아이스크림과 공장 아이스크림은 뭐가 달라?"(30-31쪽)
4-1 과학	4. 혼합물의 분리	11:30	"가루비누에 뭐가 들었는지 알아?"(18-19쪽)
		15:30	"아이스크림은 어떻게 만들까?"(28-29쪽)
4-2 과학	2. 물의 상태 변화	18:00	"스포츠웨어의 특징은 뭘까?"(40-41쪽)
5-1 과학	1. 온도와 열 4. 용해와 용액	14:00	"신용 카드 영수증은 어떻게 인쇄될까?"(24-25쪽)
		09:00	"마테 차에 펄펄 끓는 물을 부으면 안 되는 이유는 뭘까?"(10-11쪽)
		21:00	"면은 왜 붇는 걸까요?"(48-49쪽)
6-1 과학	4. 여러 가지 기체	16:30	"에어백은 어떻게 작동하는지 궁금하지 않니?"(34-35쪽)
		17:30	"탄산음료의 거품은 왜 생기는 걸까?"(38-39쪽)
		19:30	"끈적끈적한 밀가루 반죽이 어떻게 해서 폭신폭신한 케이크로 변신할까?"(42-43쪽)
		20:00	"양파를 썰 때 왜 눈물이 나는지 아세요?"(44-45쪽)
6-2 과학	4. 연소와 소화	12:30	"숯은 어떻게 만들어질까?"(20-21쪽)
		16:15	"차에서 나오는 검은 연기의 정체는 뭘까?"(32-33쪽)